ELTON JOHN

ELTON JOHN

DAS PORTRÄT · FOTOS AUS 40 JAHREN

TERRY O'NEILL

PRESTEL
MÜNCHEN · LONDON · NEW YORK

Die englischsprachige Originalausgabe erschien 2019 im Vereinigten Königreich bei Cassell, einem Tochterunternehmen von Octopus Publishing Group Ltd, Carmelite House, 50 Victoria Embankment, London EC4Y 0DZ

Projektleitung Verlag: Sabine Schmid
Projektmanagement: VerlagsService Dietmar Schmitz GmbH, Kirchheim-Heimstetten
Übersetzung: Dietmar Schmitz
Herstellung: Friederike Schirge
Umschlaggestaltung: Sofarobotnik, Augsburg/München

Printed in China

ISBN 978-3-7913-8613-3

www.prestel.de

Elton John und Terry O'Neill
arbeiteten zum ersten Mal 1972
miteinander. In den folgenden
Jahrzehnten machte O'Neill mehr
als 5000 Fotos von Elton John.

Die Fotos in diesem Buch,
von denen viele hier erstmals gezeigt
werden, stellen eine Auswahl der
besten Aufnahmen aus seinem
Archiv dar.

EINFÜHRUNG

»Unter den legendären Fotografen gibt es wohl kaum einen so produktiven oder angesehenen wie Terry O'Neill, den Mann, der die wirklich Großen ablichtete.«

VOGUE

In meinem Fall passt das Wort Fotografenlaufbahn genau: Am Anfang griff ich meine Kameras und eilte von Job zu Job. Im einen Moment der Boxer Henry Cooper, im nächsten Winston Churchill, als er aus dem Krankenhaus kam. Dann zurück zur Redaktion, die Filme abliefern. Noch vor dem Entwickeln war ich wieder unterwegs. Eines Tages, 1963, hatte ich Glück. »Drüben in den Abbey Road Studios macht eine Band Aufnahmen«, sagte ein Redakteur. »Wäre gut, wenn du sie für uns fotografierst.«

Diese Gruppe, die Beatles, entpuppte sich als eine der wichtigsten Bands des 20. Jahrhunderts. Der Auftrag gab meiner Karriere in vielerlei Hinsicht die entscheidende Wendung. Wegen dieser Beatles-Fotos aus der Abbey Road war die Zeitung am nächsten Tag ausverkauft. Pop war heiß! Ich war ungefähr so alt wie die Musiker und obendrein Amateur-Jazzschlagzeuger. Meine Redakteure wussten das, deshalb schickten sie mich zu Nachwuchsmusikern, dann zu Schauspielern, Models, Designern – Persönlichkeiten, die meine Generation definierten, wie es Michael Caine kürzlich umschrieb.

Nach dem Beatles-Auftrag rief mich Andrew Loog Oldham an, der Manager der Rolling Stones: »Terry, ich würde mich freuen, wenn du meine neue Band fotografieren könntest.« Ich erklärte ihm, dass ich ziemlich ausgebucht sei, aber wenn sie nach Soho kämen, wäre ein Treffen möglich. Mir schwebte eine vagabundierende Bluesband vor, also bat ich die Jungs darum, Koffer mitzubringen. Keith Richards erzählte mir Jahre später, dass der Koffer, den er zum Shooting mitbrachte, der erste war, den er besaß; sogar die mitgelieferte Papierfüllung war noch drin.

Die Beziehung zu den Beatles und den Rolling Stones läutete eine Karriere ein, über die ich heute nur schmunzeln kann. Ich hatte ein Riesenglück. Die Swinging Sixties waren eine tolle Zeit: Michael Caine, Terence Stamp, Jean Shrimpton, Twiggy und Vidal Sassoon, gar nicht zu reden von Frank Sinatra, Audrey Hepburn, Raquel Welch, Brigitte Bardot und Sean Connery als James Bond. Wir erlebten ein Jahrzehnt, das alles veränderte, in dem eine Jugend voller Hoffnung die Entbehrungen der Nachkriegszeit hinter sich ließ und das Land in eine neue Richtung lenkte.

Aber in nur zwölf Monaten, von 1969 bis 1970, passierten schreckliche Dinge. Ich erlebte aus nächster Nähe mit, was Alkoholmissbrauch und Drogen mit Menschen anstellten. Der Tod von Brian Jones war eine Tragödie, wie auch der von Jimi Hendrix und Janis Joplin, mit der ich gearbeitet hatte, als sie eine Fernsehshow mit Tom Jones aufzeichnete. Zu allem Überfluss kam noch der abscheuliche Mord an Sharon Tate dazu, einer engen Freundin. Viele von uns verloren den Halt.

Anfang der Siebzigerjahre lag die Popmusik am Boden. Dominante Künstler wie im vergangenen Jahrzehnt fehlten. Die Beatles hatten sich offiziell getrennt. Die sensationshungrige Presse wartete gespannt und löcherte mich regelmäßig nach talentierten Nachwuchskünstlern, die der neuen Dekade so ihren Stempel aufdrücken könnten wie die Beatles oder die Stones der vergangenen – Einzelkünstler oder Bands, die auf Augenhöhe mit den Größen der Vergangenheit stehen und die Welt der Popmusik erobern könnten.

Zum ersten Mal hörte ich Elton Johns Gesang in Amerika. Im Radio lief »Take Me to the Pilot« (1970). Ich fragte mich, wer dieser neue amerikanische Sänger sein könnte. Er war etwas Besonderes, hatte eine tolle Stimme, und mir war sofort klar, dass er ein großer Star werden würde.

Nach einigen Anrufen bei Managern und PR-Leuten fand ich bald heraus, dass Elton tatsächlich Brite war. Er war als Reginald Dwight in der Nähe von Watford zur Welt gekommen, am Rand von London. Er lebte sogar in London in einem Apartment in der Nähe der Edgware Road. Als ich wieder in der Stadt war, fragte ich seinen Manager, ob ich vorbeikommen und ein paar ungezwungene Fotos machen könnte. Ich erklärte ihm, dass ich Elton für interessant genug hielte, um ihn Zeitungen und Magazinen

Rechte Seite: »Elton mochte ich gleich. Ich spürte sein Talent – deshalb nahm ich auch Kontakt mit ihm auf –, und wir lagen sofort auf einer Linie. Er hatte ein hübsches kleines Apartment, mit Piano und allem, und wir stiegen umgehend in eine Porträtsitzung ein.«

Oben: »Ich werde oft nach meinem Lieblingsbild von Elton John gefragt. Die Antwort fällt mir schwer, weil Elton mir liebenswürdigerweise so oft Modell für großartige Fotos stand. Aber dieses Farbfoto ist – zum Glück – etwas Besonderes, nicht nur wegen des Outf ts. Es drückt das Selbstvertrauen aus, das er im Lauf der Zeit vor der Kamera – *meiner* Kamera – gewonnen hat.«

anzubieten, und dass die Fotos sicher abgedruckt würden, wenn er eine Platte am Start hätte. Ich sei gut in den Redaktionen vernetzt, und Fotos sorgten immer für Publicity und brächten neue Künstler ins Gespräch.

Wir vereinbarten einen Termin für ein paar Fotos und ich machte mich auf den Weg. Mir war nicht klar, was mich erwartete, aber ich lernte einen überaus charmanten jungen Mann kennen, der eine extravagante Brille trug. Er wirkte dennoch etwas schüchtern. Ich spürte, dass es ihm nicht unbedingt recht war, einfach so mit den Fotos loszulegen, also gingen wir in einen nahe gelegenen Proberaum, wo er sich in ein Bühnenoutfit warf und ans Piano ging. Er griff aber nicht nur in die Tasten, sondern führte einen Handstand aus dem Sprung nach Art von Jerry Lee Lewis vor. Bevor ich ging, gab er mir eine Tonkassette, auf deren Etikett »17-11-70« stand. Die noch unfertigen Stücke darauf waren sensationell. Er würde die Popmusik wieder zum Leben erwecken, da war ich mir sicher.

Es war schwer, die Fotos an den Mann zu bringen, bis die *Vogue* sie dann abdruckte. Elton arbeitete verbissen weiter, und plötzlich – zack! – wollte jeder ihn kennenlernen. Bei mir häuften sich die Anrufe: »Können wir mehr Bilder von Elton John bekommen?«

Ich bin froh, dass ich einfach meinen Instinkten gefolgt war, als ich Elton zum ersten Mal spielen hörte. Diese frühen Porträts legten den Grundstein für eine 45 Jahre anhaltende Arbeitsbeziehung. Elton nahm mich in sein Leben auf; ich bekam nicht nur großartige Bilder von ihm auf der Bühne und Backstage, sondern auch unvergessliche und manchmal sehr persönliche Einblicke in das Leben hinter der Starfassade: bei der Büroarbeit, als Schlachtenbummler seiner Fußballmannschaft, sogar mit Mutter und Großmutter. Im Jahr 1988 ließ Elton beinahe 2000 persönliche Erinnerungsstücke bei Sotheby's versteigern. Für die umfangreiche Auktion waren vier Kataloge nötig, und mich bat er, ihn mit einigen der angebotenen Stücke zu fotografieren: Schmuck, Art-déco- und Jugendstilmöbel sowie Bühnenkostüme. Allein seine Kostüme – und Elton ist bekannt für seine außergewöhnlichen Auftritte – beschwören schöne Erinnerungen herauf. Ich betrachte ihn als Freund und bewundere seine Fähigkeit, all die Jahre an der Spitze seines Metiers mitzumischen.

Als Eltons Karriere in den Siebzigerjahren begann, war ich freier Fotograf und bekannt dafür, Fotos zu beschaffen und sie an der richtigen Stelle unterzubringen. Neben den Beatles und den Rolling Stones hatte ich mit unzähligen Musikern und Schauspielern gearbeitet und gehörte zu jenen Fotografen, die Manager oder Presseagenten zuerst anriefen, wenn sie einen Auftrag zu vergeben hatten. Alle Agenturen kannten meine Arbeiten, und ich glaube, dass viele Stars meine zügige Arbeit mit der Kamera schätzten. Beziehungen sind in der Branche alles, und wegen der Tätigkeit für Stars und meiner guten Fotos von ihnen durfte ich einige davon zu meinen Freunden zählen.

Einige Jahre, bevor ich Elton kennenlernte, hatte ich Frank Sinatra getroffen und mit ihm eine Arbeitsbeziehung aufgebaut, die bis zum Tod des großen Sängers 1998 andauerte. Wie Elton hatte auch Sinatra als einzigartiger Superstar und Medienberühmtheit erkannt, wie wichtig es ist, einen Fotografen im Umfeld zu haben, der gute Momentaufnahmen machen kann. Bei Sinatra lernte ich wichtige Fotografentugenden – vor allem die Kunst, unsichtbar zu bleiben. Als ich meine anfängliche Nervosität überwunden hatte, erlaubte er mir, ihn überallhin zu begleiten. Genau so ging ich dann auch bei Elton vor.

In den frühen Siebzigerjahren durfte ich mit noch einem aufstrebenden Star arbeiten. Der erste Anruf für eine Sitzung mit David Bowie kam 1973, etwa um dieselbe Zeit, als ich Elton näher kennenlernte. Wie bei Elton hielt die Beziehung zu Bowie jahrzehntelang, wobei sowohl Porträts als auch Fotos im Tonaufnahmestudio, auf der Bühne und hinter den Kulissen entstanden. Trotz der großen musikalischen Unterschiede gibt es einige Gemeinsamkeiten bei den drei Stars – jeder ein musikalisches Genie und nur zu gerne bereit, mir überaus freien Zugang zu seinem privaten und beruflichen Leben zu gewähren.

Wenn ich wegen Elton angerufen wurde, ging es meistens um einen bestimmten Auftrag. Nach der Veröffentlichung seiner ersten Alben kamen die Charterfolge und die Presse verlangte nach mehr Material. Manchmal zog ich einfach los und verbrachte Zeit mit ihm, wo er sich gerade aufhielt. Nach einiger Zeit merkte ich, dass er sich weder bei Porträtsitzungen noch bei Schnappschüssen wohlfühlte. Anders als Bowie oder Sinatra konnte mich Elton nicht einfach ignorieren, während ich im Hintergrund mit der Kamera lauerte. Bowie und Sinatra verdrängten mich völlig aus ihren Gedanken und nutzten meine Kamera zu ihrem Vorteil. Bei Elton war das anders, er gewöhnte sich aber allmählich daran.

Am Anfang musste ich herausfinden, wie man so mit ihm arbeiten konnte, dass er sich wohlfühlte und wir die gewünschten Fotos bekamen. Ich dachte mir den Trick aus, eine Motivliste anzulegen und sie mit ihm so schnell wie möglich abzuarbeiten. Manchmal verirrten wir uns geradezu in seinem Haus. Je bedeutender der Star, desto größer sind seine Sammlungen, und Elton kann man getrost als Shopaholic bezeichnen. Ihm gehörten Tausende Schallplatten und seine Schränke waren übervoll mit Schuhen, Schals und Kostümen – alle Accessoires, die sich ein exzentrischer Künstler nur wünschen konnte. Auch wenn manche seiner Kleidungsstücke nicht meinem Stilverständnis entsprachen, bewies er unverkennbar Geschmack – bei allem. Als ich ihn bat, mir eine Platte aus seiner Sammlung zu zeigen, die ihm viel bedeutete – etwa, weil sie besonders wertvoll war oder ihn an etwas Bestimmtes erinnerte –, zog er ohne zu zögern eine Raubpressung von John Lennon aus dem Regal, *A Guitar's All Right John But You'll Never Earn Your Living by It* (1975).

Sobald das große Geld hereinkam, begann Elton Kunst zu erwerben, Gemälde, Skulpturen und seltene Fotografien. Im Jahr 2016 zeigte die Londoner Tate Modern seine unschätzbare Sammlung der fotografischen Moderne unter dem Titel

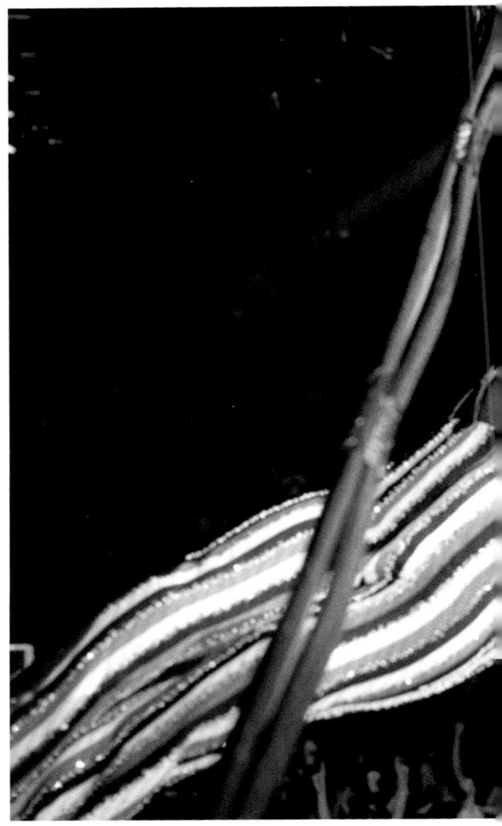

The Radical Eye. Ihm gehörte eines der ersten Autos mit eingebautem Fernseher im Fond. In den von ihm für Tourneen gecharterten Privatjets – die auch ich manchmal benutzen durfte – befand sich üblicherweise ein Flügel im Kleinformat. Sogar in seinem Büro stand ein Glastisch des Pop-Art-Künstlers Allen Jones. Keine Ahnung, wie viel er dafür Mitte der Siebziger gezahlt hat, aber ein vergleichbares Stück wurde bei Christie's kürzlich für mehr als 300 000 Euro versteigert.

Neben den informellen Schnappschüssen absolvierten Elton und ich gemeinsam Hunderte von traditionellen Porträtsitzungen. Sie gehören zu meinen Lieblingsbildern, ob nun farbig oder schwarz-weiß. Bei der Sitzung vor dem Café »Les Deux Magots« in Paris mit seinem kongenialen Texter Bernie Taupin, beide im Dandy-Look, oder der Serie von Fotos mit Elton in einem Jeans-Jumpsuit für den *Playboy* gelangen großartige Künstler-Porträts. In seiner Verkleidung als Bühnenfigur fühlte er sich meiner Meinung nach am wohlsten. Er war nicht nur ein Kumpel, der mir sein Haus zeigte; er war ein Rockstar, in jeder Hinsicht.

Gelegentlich wurde ich auch für ein Coverfoto engagiert, allein in vier Jahren für drei Bestseller-Platten von Elton. Das erste Mal 1974 für eine Compilation, die seine frühen Werke einem Millionenpublikum vorstellen sollte, das ihn gerade erst für sich entdeckt hatte. Nach dem durchschlagenden Erfolg von *Honky Château* (1972) und *Caribou* (1974) deckte *Greatest Hits* die ersten vier Jahre von Eltons Karriere ab. Damals erwartete man von einem erfolgreichen Musiker mindestens ein Album pro Jahr. Es gab noch keine Downloads oder kein Streaming wie heute. Man musste Singles und Langspielplatten kaufen, wenn man seine Lieblingsmusik ständig hören wollte. Plattenverkäufe zählten damals nach Millionen. Ein Greatest-Hits-Album zu einem frühen Karrierezeitpunkt war normal. Wir entschieden uns für einen klassischen Look im weißen Anzug mit Spazierstock vor einem schönen Mignonflügel. Für die Coverrückseite verwendeten wir ein Foto aus der gleichen Sitzung, aber als Porträt.

1975 bat man mich zu Elton und seiner Band in das berühmte Caribou-Ranch-Aufnahmestudio in Colorado, wo sie gerade das Album *Rock of the Westies* (1975) vollendeten, das dritte, das in diesem noch recht neuen Studio entstand. Diesmal sollte es lässiger zugehen, also fotografierte ich einen entspannten und lächelnden Elton, wie er vor dem Studio saß. Dazu kamen Porträts von drei Schlüsselfiguren aus Eltons Truppe: Gitarrist Davey Johnstone, Schlagzeuger Ray Cooper und Texter Bernie Taupin. Hier auf der Ranch wirkte Elton optimistisch und konzentriert. Dass er ein schwieriges Jahr durchmachte, ließ er sich nicht anmerken. Niemand verkaufte in diesem Jahr mehr Platten als er, aber tatsächlich plagten ihn Depressionen und Erschöpfung.

Einige Jahre später trafen wir uns zum Cover-Shooting von *A Single Man* (1978) auf dem Long Walk im Great Park von Schloss Windsor. Diesmal war wieder der klassische Stil gefragt; Elton trug einen langen schwarzen Mantel und einen Zylinderhut. Die Albumrückseite zeigte einfach dasselbe Motiv, nur von hinten fotografiert.

In den frühen Sechzigerjahren arbeitete ich viel auf Film- und Fernsehsets. Bands begannen in TV-Shows aufzutreten, wie die Rolling Stones in *Thank Your Lucky Stars* 1963. Dieses Unterhaltungsformat war eine unheimlich wichtige Präsentationsfläche für Künstler, weil man mit einem Auftritt Millionen potenzieller Plattenkäufer und Konzertbesucher erreichen konnte.

Das Fernsehen bescherte mir reihenweise Motive, von Tom Jones und Cher bis Janis Joplin und Carol Channing. Zwei Auftritte von Elton erlebte ich mit: die *Parkinson*-Show 1976, als er an der Seite meines alten Freundes Michael Caine auftrat, und die *Muppet Show* 1977. Letztere war Neuland für mich, aber die Serie war äußerst beliebt und machte wirklich Spaß. Ich war auch bei der ersten Verleihung der Rock Music Awards in Los Angeles dabei, die mit den Grammys rivalisierte, aber nur drei Jahre lang stattfand. Zum Auftakt zogen die Veranstalter das Ganze groß auf, mit einem Auftritt von Elton John und Ella Fitzgerald.

Bei der Verfilmung der Rockoper *Tommy* (1975), die auf dem gleichnamigen Album von The Who (1969) basierte, war ich ebenfalls mit von der Partie. Die »Pinball Wizard«-Sequenz, mit Elton als Leadsänger, entstand im Kings Theatre in Southsea, mit The Who (Roger Daltrey, Pete Townshend, John Entwistle und Keith Moon) als Begleitband. Ich habe gehört, dass Elton die Rolle nur unter der Bedingung annahm, dass er die überdimensionalen Stiefel, die zum Kostüm gehörten, behalten durfte.

Die Siebzigerjahre nahmen Tempo auf. Neben der wegweisenden Arbeit mit Elton John wurde ich für zahllose weitere Porträtsitzungen mit neuen Acts gebucht. Ich traf David Bowie am Set des Films *The Man Who Fell to Earth* (*Der Mann, der vom Himmel fiel*, 1976), und als ich nach Los Angeles zurückkam, arrangierte ich ein Treffen mit Bowie und Elizabeth Taylor im Haus des Regisseurs George Cukor. Von den dabei entstandenen grandiosen Aufnahmen gehört eine zur Dauerausstellung der National Portrait Gallery in London. Bruce Springsteen begegnete ich auf dem Sunset Strip, als er gerade das Gebäude von Tower Records verließ, während ich kam. Die zufällig dabei entstandenen Fotos zierten das Cover des *Melody Maker*, während sein Album *Born to Run* (1975) die Charts hochkletterte.

Bei meiner Arbeit mit Elton ragt das Jahr 1975 heraus. Wie muss er sich gefühlt haben, wenn es schon auf mich wie ein Wirbelsturm wirkte? Zwölf Monate lang arbeitete er wohl härter als jeder andere Musiker jemals zuvor: internationale Tourneen, die Kult-Rockoper *Tommy*, Konzerte in Clubs und Stadien, Fernsehauftritte, Aufnahmen und die Veröffentlichung zweier Alben, dazu alles andere, was noch hinter den Kulissen ablief.

Obwohl die Tourneen Elton körperlich regelrecht auszehrten, gehören die Liveauftritte von 1975 in meinen Augen zu seinen besten. Der erste, den ich miterlebte, fand im Wembley-Stadion statt, quasi ein Heimspiel.

Ein Konzert stellt einen Fotografen vor völlig neue Aufgaben und Möglichkeiten. Natürlich hatte ich Frank Sinatra mehrmals begleitet, aber sein Bühnenhabitus unterschied sich klar von dem Eltons oder anderer Giganten der Siebziger wie Led Zeppelin.

Zum Glück hatte ich erst jüngst Erfahrungen mit Rockstars auf der Bühne gesammelt. Ende 1974 war ich in Los Angeles, als David Bowie im Rahmen seiner *Diamond Dogs*-Tour dort auftrat. Ich erinnere mich, dass ich in Farbe und Schwarz-Weiß fotografierte, für mich eher ungewöhnlich. Die Resultate waren gut, also ließ ich mich auf die neue Herausforderung ein. Elton würde im folgenden Jahr eine große Show in Wembley geben, die ich dokumentieren sollte, inklusive Proben und Backstage.

Das Konzert am 21. Juni stand unter dem Motto »MidSummer Music«, wobei Elton John von einigen seiner amerikanischen Lieblingsacts unterstützt wurde, den Beach Boys, den Eagles und Rufus mit Chaka Khan. Der Fernseh-Werbespot für das Ereignis zeigte Elton John, während er mit Chaka Khan Fußball spielte. Die Tickets kosteten £3,50 (heute etwa 25 Euro)!

Vor dem Konzert unternahmen Elton, seine Crew und ich einen Rundgang durch das leere Stadion, ein denkbar seltenes Erlebnis. Dann war es Zeit für die Proben und den Soundcheck.

Als die ersten Acts vor die mehr als 70 000 Köpfe zählende Menge traten, hätten wohl die meisten Headliner hinter der Bühne auf ihren großen Moment gewartet. Nicht so Elton. Er war vorne am Bühnenrand und tanzte zur Musik der Beach Boys.

Elton selbst kam mit viel Schwung auf die Bühne. Der erste Set setzte sich aus seinen beliebtesten Songs zusammen. Die Menge hing an seinen Lippen. Die zweite Konzerthälfte bestand nur aus den Liedern seines Albums *Captain Fantastic and the Brown Dirt Cowboy* (1975), das erst seit einem Monat auf dem Markt war. Obwohl das Publikum die Songs noch kaum kannte, ging es begeistert mit.

Nach dem Auftritt kam viel Prominenz hinter die Bühne, um zu gratulieren. Paul und Linda McCartney mischten sich ebenso unter die Menge wie Harry Nilsson. Die Tennisikone Billie Jean King war da, wenige Wochen vor ihrem sechsten Wimbledon-Titel im Einzel, ebenso wie die noch relativ unbekannte Martina Navrátilová. King zählte zum engeren Freundeskreis von Elton, der ein großer Tennisfan war, mit King als gemischtes Doppel bei Benefizmatches antrat und mit ihr Turniere besuchte.

Zu Beginn des Jahres war Eltons Song »Philadelphia Freedom« erschienen (1975), zu dem Billie Jean den Anstoß gegeben hatte und der sofort zu einem Nummer-eins-Erfolg wurde. Noch heute sind die beiden eng befreundet. 1992 gründete er die Elton John AIDS Foundation in den USA und berief Billie Jean King zur Ehrenpräsidentin auf Lebenszeit. Der englische Ableger folgte ein Jahr später. Als eine der weltweit größten Wohltätigkeitsorganisationen hat die Stiftung bisher mehr als 464 Millionen Euro eingesammelt, um Betroffenen eine ärztliche Behandlung zu ermöglichen.

Den meisten Superstars hätte ein Event vom Wembley-Kaliber im Jahr gereicht, aber im Herbst machte sich Elton, beflügelt von zwei Nummer-eins-Alben, nach Amerika auf. In Los Angeles hatte er das weltberühmte Dodger Stadium für zwei Tage, den 25. und 26. Oktober, gebucht. Ein gecharterter Jet flog Elton, seine Familie und Freunde von Heathrow nach Los Angeles. Die Auftritte wurden für ein Fernsehspecial aufgezeichnet, das vom britischen Talkshowmaster Russell Harty moderiert wurde.

Einige Tage zuvor bekam Elton seinen eigenen Stern auf dem Hollywood Walk of Fame. Ganze Blocks entlang des Hollywood Boulevard wurden abgesperrt, um den zu Tausenden versammelten Fans einen kurzen Blick auf den Rockstar zu ermöglichen. Das war der Auftakt zu einer offiziellen »Elton John Week«, bei der ihm unter anderem eine Goldene Schallplatte für das Album *Rock of the Westies* verliehen wurde, die kurz zuvor gleich an der Spitze der Charts eingestiegen war.

Vor Konzertbeginn standen Proben und Soundchecks an. Angesichts eines so großen Raums wie dem Dodger Stadium, mit mehr als 55 000 Zuschauern pro Abend, legte Elton absoluten Wert auf perfekten Klang. Da erst dämmerte mir, wie riesig das Stadion eigentlich war. Das Resultat war trotz der jubelnden und klatschenden Fans fantastisch.

Der Beginn war auf kurz nach 13 Uhr festgesetzt. Den Openern Emmylou Harris und James Gang folgte Joe Walsh, der sich bald den Eagles anschließen sollte. Anders als in Wembley hielt sich Elton diesmal hauptsächlich Backstage auf. Alle großen Stars aus Los Angeles waren anwesend, darunter die Filmlegende Cary Grant. Eltons Stimmung war bestens, er scherzte mit der Security und den Chorsängern und drehte richtig auf, als seine Freundin Billie Jean King erschien.

Als einige Stunden nach Konzertbeginn Eltons Auftritt bevorstand, hatte die Stimmung der Menge den Höhepunkt erreicht. Irgendwie – wie, weiß ich nicht mehr – hatte ich es ans andere Ende des Dodger Stadium geschafft, und konnte nahezu vollständig das Publikum einfangen, vor dem er auftrat.

Elton gab 150 Prozent und ich musste nur draufhalten. Einige Fotos schoss ich von einem Standpunkt vor dem Schlagzeuger Ray Cooper, um das Publikum aus Eltons Sicht zu zeigen. Diese Bilder von Elton vor der Menge, in seinem von Bob Mackie entworfenen, paillettenbesetzten LA-Dodger-Dress mit der Nummer »Elton 1« auf dem Rücken, mit Baseballkappe auf dem Kopf und einem Schläger in der Hand, gehören zu den legendärsten und gefragtesten Aufnahmen in meinem Archiv und erschienen rund um die Welt in der Presse.

Ein Höhepunkt für mich war, als Billie Jean auf die Bühne gelaufen kam. Elton spielte »Philadelphia Freedom«, und die beste Tennisspielerin der Welt stand auf der Bühne beim größten Rockkonzert des Jahres und sang im Chor der Begleitsängerinnen mit.

Bernie Taupin kam zu Elton auf die Bühne, als der gerade zu »Don't Let the Sun Go Down on Me« (1974) ansetzte. Der berühmte kalifornische Sonnenuntergang kam wie aufs Stichwort und markierte das Finale eines perfekten Tags. Nach mehr als 30 Songs in einer dreistündigen Tour de Force schloss Elton mit »Pinball Wizard« ab, das nicht nur einer der meistverkauften Hits des Jahres war, sondern ein echter moderner Klassiker geworden ist.

Oben: Elton John mit Bernie Taupin,
seinem Langzeitpartner beim
Songschreiben.

In diesen zwei Tagen belichtete ich an die 50 Filmrollen, farbig und schwarz-weiß, und verbrachte die folgenden Wochen überwiegend damit, sie entwickeln zu lassen und Fotoauswahlen für alle Zeitungen und Magazine vorzubereiten, die über das triumphale Doppelkonzert berichten wollten.

Einige Wochen später lief das Fernsehspecial, für das Russell Harty Elton in seinem Haus in Los Angeles interviewte, das früher der Leinwandlegende Greta Garbo gehört hatte. In diesem Film tauche ich sogar ganz kurz in einigen Einstellungen auf, unter anderem neben den Begleitsängerinnen, samt den zwei oder drei Kameras, die ich mir um den Hals gehängt hatte. Das fand ich wirklich lustig. Bilder von mir zu sehen ist für mich ungewohnt – nicht umsonst ist mein Platz hinter der Kamera. Beim Betrachten des Specials konnte ich noch einmal erleben, wie der größte Star der Welt vor mehr als 110 000 Menschen an zwei Tagen auftrat.

Nach dieser Woche war Elton platt. Erst Jahre später bekannte er öffentlich, was er privat durchgemacht hatte. Die Last, die der Ruhm mit sich brachte, und deren Folgen nagten an ihm. Angeblich schluckte er eine Handvoll Pillen und sprang in seinen Swimmingpool, um allem ein Ende zu machen. Ich kann es selbst kaum glauben, aber einmal mehr bekam ich aus nächster Nähe mit, was der Erfolg aus einem Menschen machen kann. Ich habe nie mehr erlebt, dass jemand so hart arbeitet, wild entschlossen, eine Show hinzulegen, an die sich das Publikum für den Rest seines Lebens erinnert. Es erfüllt mich mit Dankbarkeit und Erleichterung, dass Elton die Kraft aufbringen konnte, seine Dämonen zu besiegen und weiterzumachen.

Elton hat sich sein Image hart erarbeitet, aber hinter dem ganzen Glamour und Glanz steckt ein stiller Mensch, glaube ich. Er ist ein unglaublich begabter Musiker mit klassischer Ausbildung, dem als Pianist kaum jemand das Wasser reichen kann. Tatsächlich ist er sehr bodenständig und immer zu einem Spaß aufgelegt. Seine Mutter und Großmutter bedeuteten ihm viel, das weiß ich. Ich habe sie beide getroffen und porträtiert. Als guter Brite liebt er außerdem den Fußball. Während der Proben und Soundchecks im Dodger Stadium zauberte jemand einen Ball hervor und wir begannen ein kurzes Spiel auf dem Feld. Elton ist ein so großer Fußballfan, dass er 1976 Vorsitzender seines geliebten Watford FC wurde. Als Jugendlicher erlebte er sein Team von der Tribüne aus, und als er den Status eines Superstars hatte, konnte er endlich Geld in den Verein stecken und sich in den Vorstand wählen lassen.

Elton war der größte und berühmteste Fan von Watford. Wenn er zu Spielen kam, war das ein Event, aber ich glaube, dass er eigentlich einfach nur als normaler Fan da sein wollte. Manchmal begleitete ich ihn zu Spielen und erlebte ihn in den Büros und den Umkleiden, wie er das Team traf und es dann von der Tribüne herab anfeuerte. Elton kümmerte sich wirklich um sein Team, sorgte für ein gutes Management und ein höheres technisches Niveau. Ihm lag auch am Herzen, dass Fußball »familienfreundlicher« wurde. Fußball sollte allen offenstehen – jeder sollte dieses tolle Spiel genießen dürfen.

Deswegen funktionieren unsere Fotos so gut. Ich nenne sie »unsere Fotos«, weil sie genauso viel über ihr wichtigstes Motiv wie den Fotografen aussagen.

Elton gewährte mir von Anfang an einen beispiellosen Zugang zu seinem Leben und zu seiner Arbeit – im Tonaufnahmestudio, für Porträts, zu Hause und in der Freizeit, auf der Bühne und dahinter. Meine 45 Jahre anhaltende Beziehung zu ihm zählt mittlerweile zu den erfüllenden Freundschaften in meinem Leben, und er war immer liebenswürdig zu mir. Die Zahl der Fotos von ihm in meinem Archiv geht in die Tausende, und wenn man sie nacheinander betrachtet, vollzieht man bildlich die Entwicklung eines Superstars nach.

Obwohl seit diesen Abenden in Wembley und in Los Angeles fast 45 Jahre vergangen sind, ist eine meiner liebsten Erinnerungen jener Sekundenbruchteil, als ich für einen kleinen Moment im Rampenlicht stand.

Während Eltons Auftritt im Dodger Stadium befand ich mich auf der Bühne. Ich machte mich klein, bewegte mich vorsichtig, um die Musiker nicht abzulenken. Dann hörte ich, wie Elton fröhlich ins Mikrofon sagte: »Falls ihr euch gefragt habt, wer dieser Fotograf ist, das ist Terry O'Neill!« Die Menge jubelte mir daraufhin zu, einem Mann, der normalerweise unsichtbar sein sollte.

In solchen Augenblicken muss man Elton einfach gernhaben. Er ist ein Genie, ein Rätsel, ein Star und ein überaus netter und mitfühlender Mensch – sowohl öffentlich als auch privat. Ich durfte all diese Jahrzehnte mit Elton John zusammenarbeiten. Es macht mich stolz, einige dieser Fotos von ihm nun mit Ihnen teilen zu dürfen. Seine Musik gehört zum Soundtrack unseres Lebens, aber dahinter steckt diese unglaubliche Persönlichkeit, die ich kennenlernen durfte. Das kann ich Ihnen sagen, einen wie ihn wird es kein zweites Mal mehr geben.

Rechte Seite: Elton John auf der Bühne im Londoner Wembley-Stadion, Juni 1975.

Folgende Doppelseite: »Mit Elton konnte man hervorragend arbeiten, ein großartiges Motiv. Wir fanden ganz schnell eine gemeinsame Basis. Ich tat alles dafür, ihn fotografieren zu dürfen, weil er so talentiert ist. Die Tatsache, dass er immer noch mitmischt und auf der Bühne alles gibt, ist verblüffend.«

(SATURDAY ETC)

Linke Seite und oben: Das erste Fotoshooting in Eltons Wohnung in der Nähe der Edgware Road in London, 1972.

»Es war schwer, diese frühen Fotos an den Mann zu bringen. Die britische Ausgabe der *Vogue* brachte dann das obere Foto. Einige Monate später riefen alle Magazine und Zeitungen bei mir an, um etwas von Elton zu bekommen.«

Linke Seite und oben: »Als ich Eltons Apartment verließ, gab er mir eine Tonkassette. Ich hörte sie mir zu Hause an, das war wirklich unglaublich. Er würde ein großer Star werden, da war ich mir sicher.«

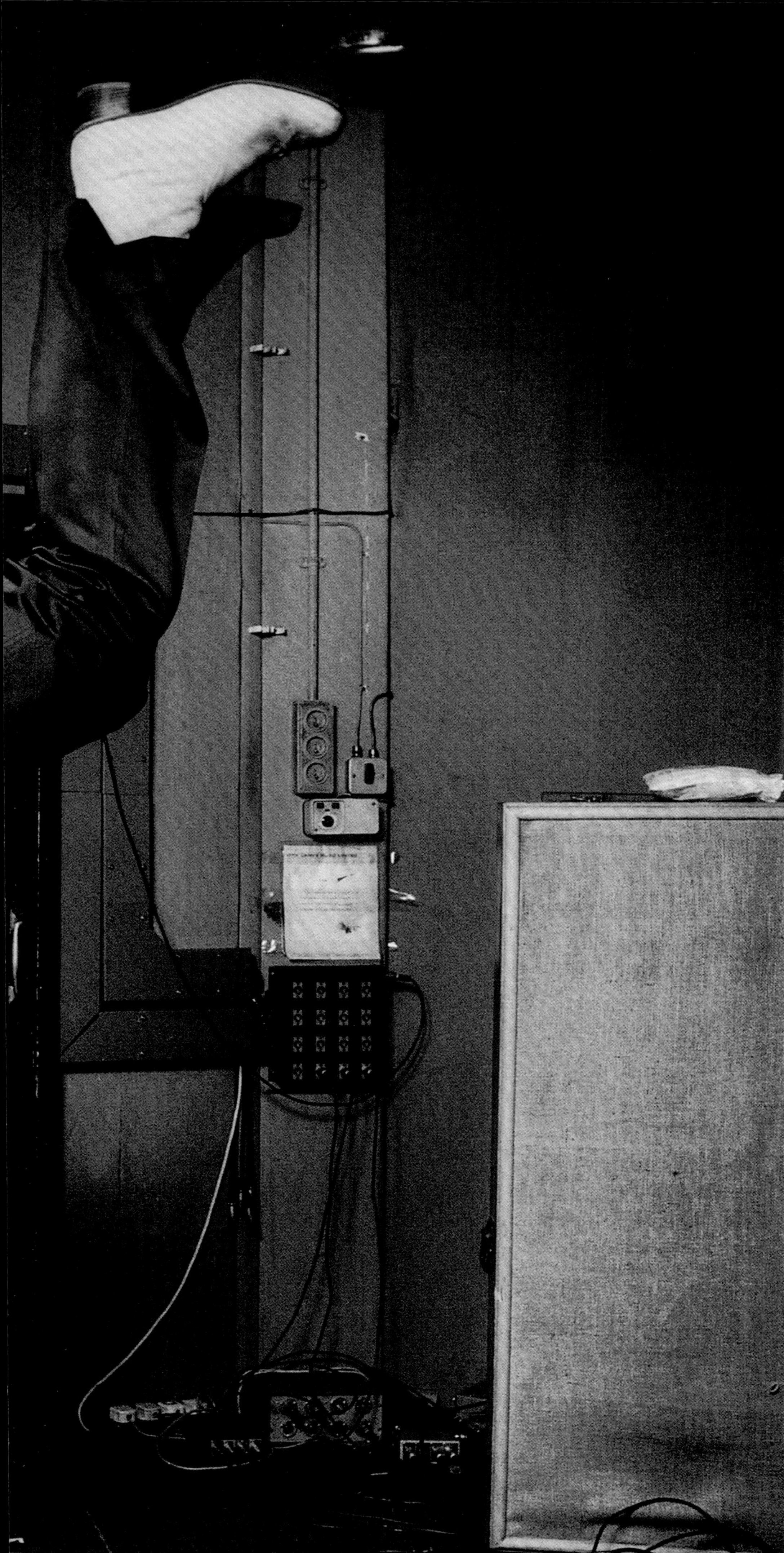

Links: »Der berühmte akrobatische Sprung – den machte er auch so auf der Bühne! Das war sein Markenzeichen, ohne Tricks.«

KODAK
SAFETY FILM

»Der Rocket Man höchstpersönlich, die Anzüge wurden vom berühmten Nudie Cohn entworfen.«

Vorhergehende Doppelseite, oben, rechte Seite und folgende Doppelseite: PR-Fotos für das Album *Honky Château*, die für Ladendisplays und für das Cover der Single »Rocket Man« (1972) verwendet wurden. »Das waren wohl die ersten echten Werbefotos, die ich gemacht habe. Du weißt nie so genau, wozu sie eigentlich gebraucht werden; das erfährst du nicht. ›Oh, das nehmen wir für die Plattenhülle‹, oder so heißt es dann. Aber davon kamen einige zum Einsatz, und es war toll, sie auf dem Cover einer so erfolgreichen Single zu sehen.«

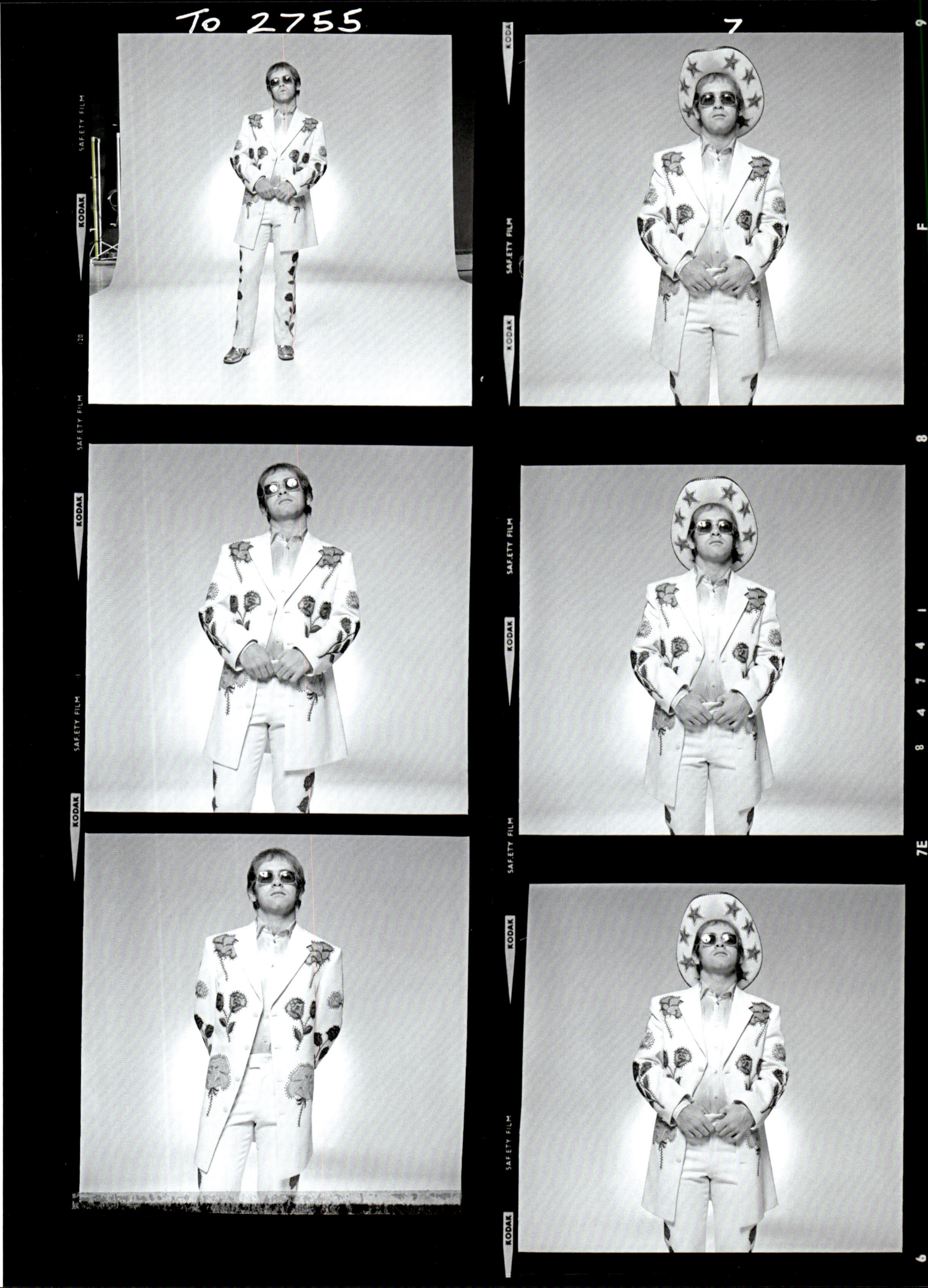

To 2755
7
KODAK
SAFETY FILM

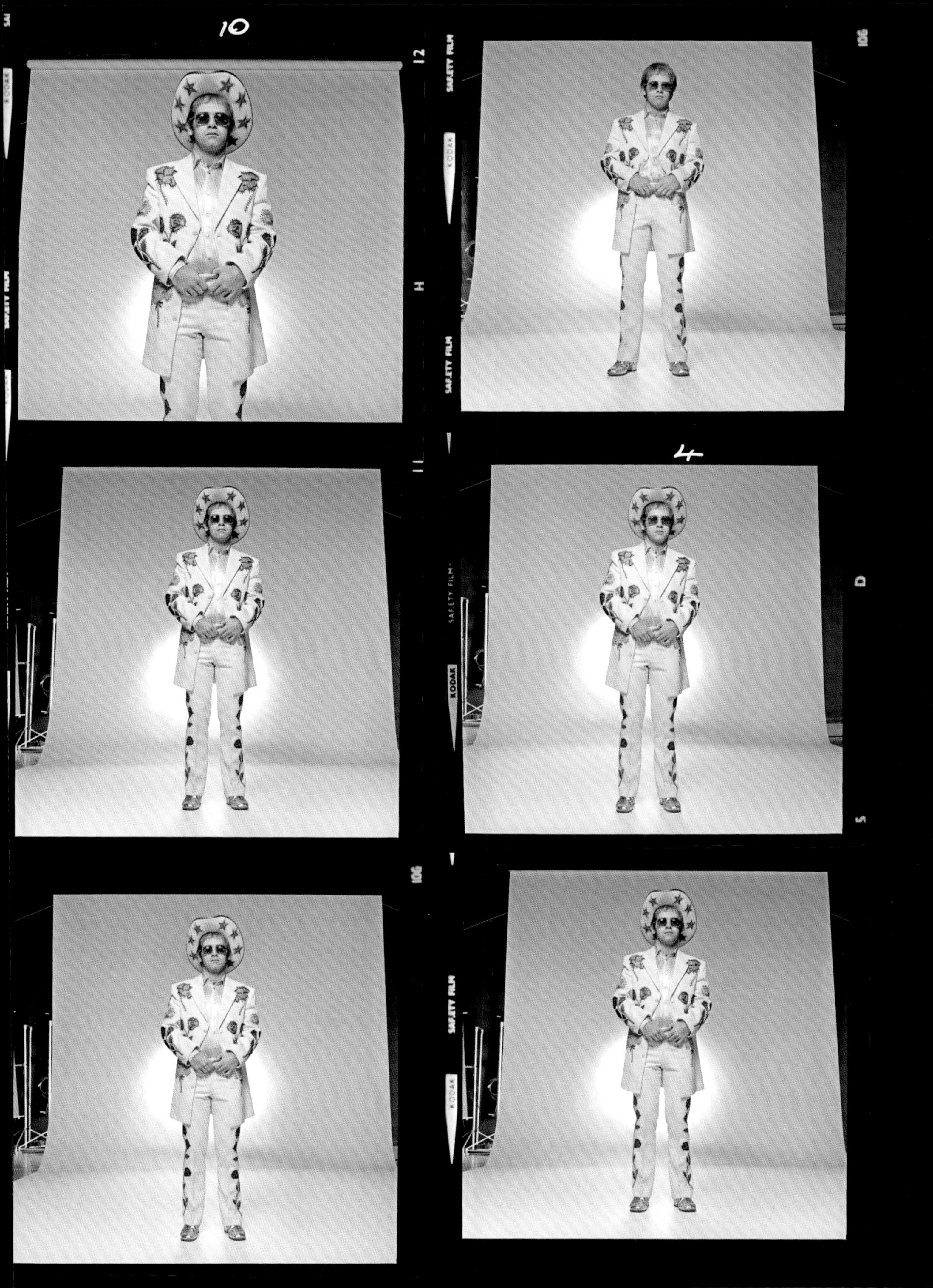
10
4
SAFETY FILM
KODAK

Linke Seite: »Kostüme liebte er, ganz offensichtlich. Aber niemand hatte bessere Brillen als Elton John.«

Unten: »Bob Mackie, Tommy Nutter – Eltons Kleiderschrank war mit allen Designerlabels dieser Zeit gefüllt.«

Unten: Elton John und seine Band promoten »Philadelphia Freedom« (1975). Stehend Dee Murray, Elton John, Ray Cooper, sitzend Nigel Olsson und Davey Johnstone.

Rechte Seite: Vom Fotoshooting für das Programmheft zur »Louder than Concorde (But Not Quite as Pretty)«-Tournee, 1976. »Hinten stehen James Newton Howard, Davey und Ray. Ray ist großartig – ein Schlagzeuger! Wer der andere Typ ist, der mit der Sonnenbrille, weiß ich nicht mehr.« Sitzend: Caleb Quaye, Elton John, Kenny Passarelli und Roger Pope.

Folgende Doppelseiten: Elton auf der Bühne des Hammersmith Odeon in London, Dezember 1974.

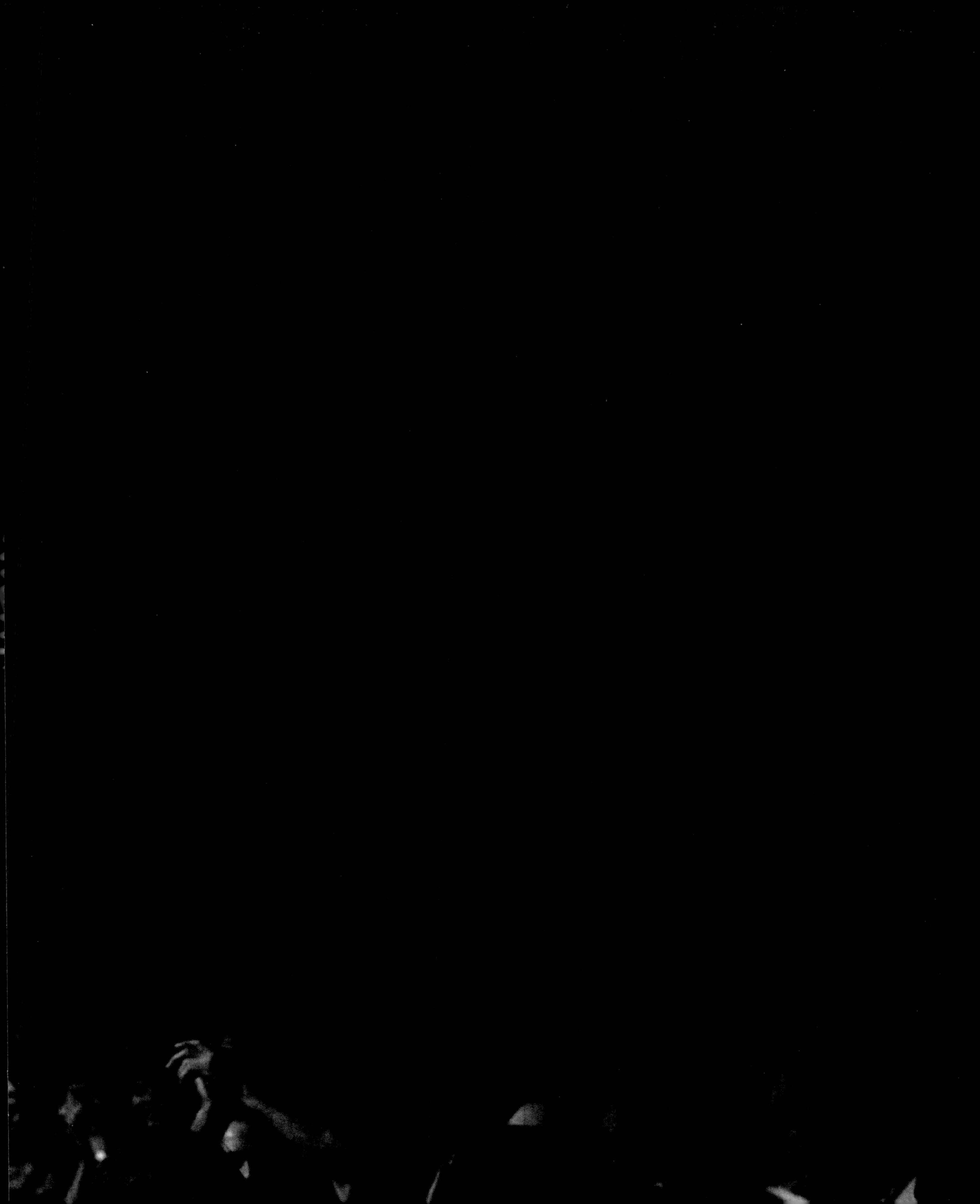

Auf diesen Seiten: »Einige der ersten Fotos, die ich jemals von Elton gemacht habe, während er vor Publikum auftrat, bei der Tournee für *Goodbye Yellow Brick Road*. Ich hätte gern mehr von meinen Negativen von diesem Abend gehabt, weil er das Piano mit Pailletten verziert hatte, die während der Show glitzerten.«

»Ich wusste nie im Voraus, wie das Outfit – oder die Outfits – aussehen würden.«

Linke Seite und oben: »Bei Elton wusste man nie, was er im Schilde führte, und ich ahnte nie, was als Nächstes kommen würde. Er liebte aber seine Brillen – er ließ wohl Hunderte von Gestellen anfertigen. Über Eltons optische Accessoires allein könnte man schon ein Buch machen.«

Unten und rechte Seite: »Häufig gab es keinen besonderen Auftrag, man brauchte nur ganz allgemein ein paar Porträts für die Presse, um Interviews und Artikel zu bebildern. Zu dieser Zeit, um 1974, druckte die Presse praktisch alles zum Thema Elton.«

Linke Seite: Porträt für das Cover des Magazins *Rolling Stone*, Ausgabe 223 vom 7. Oktober 1976.

Unten: »Das stammt wohl auch aus der Zeit – vielleicht sogar der gleichen Sitzung – wie für das Cover des Albums *Greatest Hits* (1974). Mir gefällt die Mischung aus klassischem Anzug und verrückter Sonnenbrille.«

»Nach einiger Zeit fand ich heraus, wie man am besten mit ihm arbeiten konnte.«

Oben und rechte Seite: »Ich kam zu ihm nach Hause – oder ins Büro – mit einer Liste von Ideen, die wir einfach abarbeiteten. Auf der Couch, in der Küche, in seinem Büro, beim Betrachten von Schallplatten – einmal sah ich einen Hometrainer in seinem Badezimmer! Also dachte ich mir, warum eigentlich nicht?«

KC

Rechts: »Er hatte es weit gebracht seit seinem bescheidenen Apartment. Ich spürte, dass Elton enorm stolz auf sein Haus in Windsor war. Er erwarb es 1974 und zog 1975 ein – es gehört ihm bis heute.«

Rechts: »Elton im Bett war ein Thema mit Variationen bei uns – das hatte einfach etwas Originelles und Extravagantes.«

WATFORD

DICE-PAK

CASHBOX

TENNESSEE SATURDAY NIGHT
(Billy Hughes)
ELVIS PRESLEY
SCOTTY and BILL
252
MEMPHIS, TENNESSEE.

Links: »Das kam, als ich sagte: ›Warum schauen wir uns nicht mal deine Sammlung an – vielleicht könntest du mir ein paar Schuhe zeigen?‹ Wenn ich gewusst hätte, worauf ich mich damit einließ!«

Auf diesen Seiten: »Diese Bilder entstanden in Los Angeles. Warum er in Kalifornien so viele Pelzmäntel hatte, habe ich nie begriffen.«

Rechte Seite: »Ich hatte nie bemerkt, wie oft wir die Pose auf dem Bett gestellt haben, bis ich meine ganzen Bilder durchsah! Das hier ist richtig nett – achtet mal auf die kleine Elton-John-Puppe.«

THE DAVE CLARK FIVE'S
ALL-TIME GREATEST HITS

Unten und rechte Seite: »Diese Fotos entstanden für ein Interview mit dem *Playboy* in Amerika, aber ich weiß nicht, ob sie jemals erschienen sind. Eltons Klamotten hatten oft einen humorvollen Touch, aber die Platzierung des Rolling-Stones-Logos ging wohl etwas zu weit.«

KISS
MY
PATCH

Linke Seite und unten: »Für sein Album *Greatest Hits* von 1974 entschied sich Elton für etwas Klassisches. Das Album stand zehn Wochen auf Nummer eins und war der perfekte Einstieg ins Jahr 1975, das für seine Karriere so entscheidend sein sollte. Ich empfand es als Ehre, dass man mich bat, das Coverfoto zu machen – er war der größte Star der Welt.«

…iten und rechte Seite. »Schon komisch, wenn man all diese Fotos durchblättert und sieht, wie sich Eltons Stil sichtbar verändert. Als ich ihn kennenlernte, waren T-Shirts und Jeans angesagt. Mit zunehmendem Bekanntheitsgrad wollte er extravagantere Outfits kaufen und tragen. Vielleicht fühlte er sich vor der Kamera wohler, wenn er sich in eine Bühnenfigur verwandelte? Wie dem auch sei, es machte richtig Spaß und lieferte einige großartige Bildmotive.«

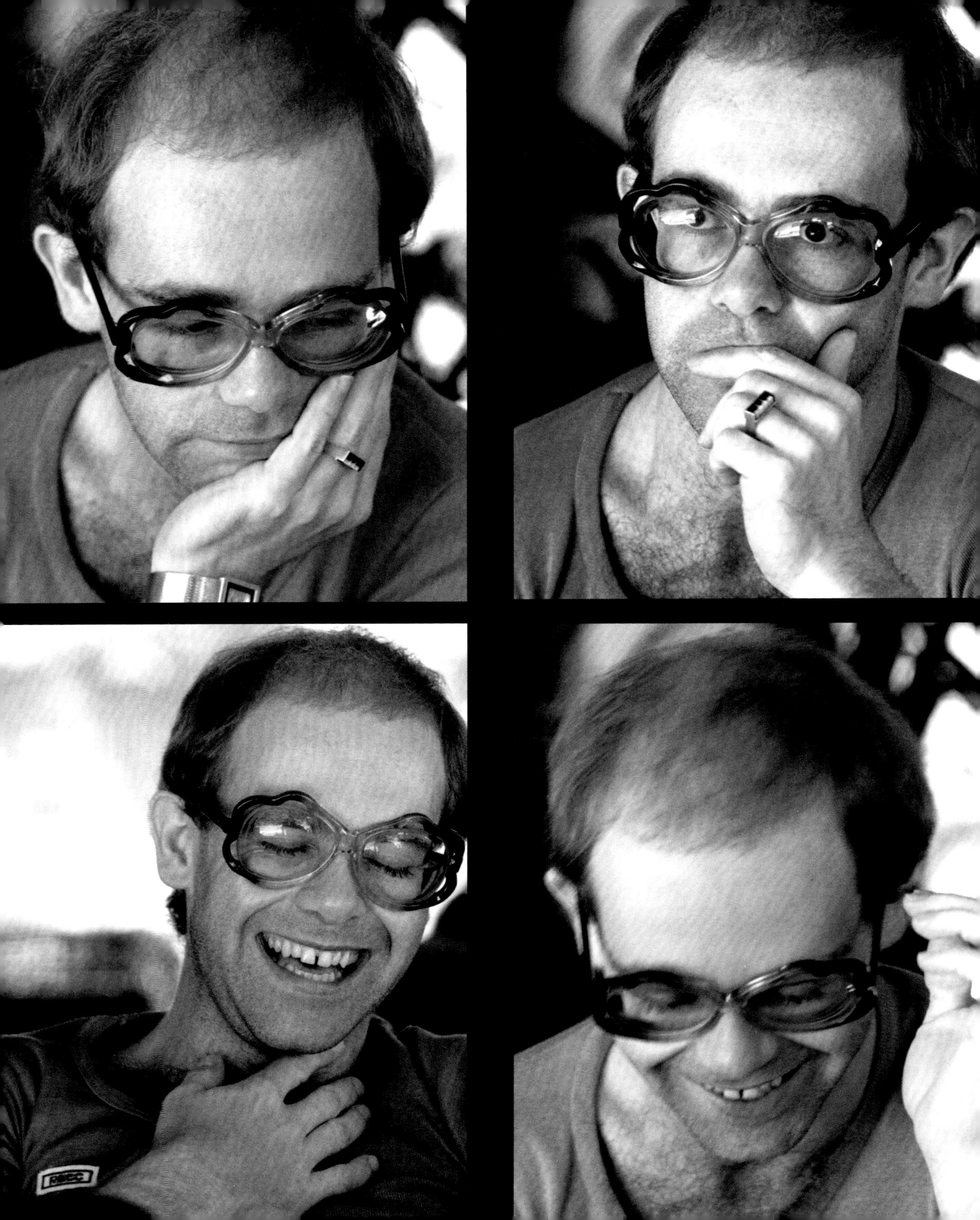

Linke Seite und oben: »Diese Bilder entstanden Ende 1975, vermutlich in Los Angeles. Sie erschienen erstmals 1976 in der Januar-Ausgabe des amerikanischen *Playboy*.«

Rechts: »Es kam eine Anfrage, ob ich bereit wäre, zum Caribou-Ranch-Aufnahmestudio in der Stadt Nederland in Colorado zu reisen, um ein paar Tage mit Elton zu arbeiten. Wer würde da Nein sagen?«

»Wir wollten etwas Lässiges, weniger Förmliches als beim Albumcover von *Greatest Hits*. Ich entschied mich für ein paar Versuche draußen, bei natürlichem Licht.«

Oben und rechte Seite: Alternativen zum Coverbild von *Rock of the Westies*, dem zweiten Album von Elton John im Jahr 1975, kurz vor dem Konzert im Dodger Stadium.

TOMMY
GOTTLIEB'S
KINGS &
QUEENS
3 4 5
SCORE

»Ich habe gehört, dass Elton die Rolle nur unter der Bedingung annahm, dass er die überdimensionalen Stiefel seines Kostüms behalten durfte.«

Vorhergehende Doppelseite, oben und rechte Seite: Elton John in der Rolle des Pinball Wizard in der Rockoper *Tommy* (1975) von The Who.

»Die ›Pinball Wizard‹-Sequenz, mit The Who als Begleitband, wurde 1974 im Kings Theatre in Southsea gedreht. Mit The Who arbeitete ich einige Jahre später wieder zusammen, für ein Bandporträt, das auf dem Albumcover von *Who Are You* (1978) erschien.«

Links: Elton John mit Angus Boyd »Gus« Dudgeon, Caribou Ranch Recording Studio, 1975.

Auf dieser Doppelseite: Elton John nahm mehrere Alben auf der Caribou Ranch auf, darunter *Caribou* (1974), *Captain Fantastic and the Brown Dirt Cowboy* (1975) und *Rock of the Westies* (1975). Mit Elton tat Gus Dudgeon sich 1970 zusammen, nachdem er David Bowies Single »Space Oddity« (1969) produziert hatte. Er arbeitete während der Siebzigerjahre auch weiterhin für Elton und gründete 1973 mit ihm die Plattenfirma The Rocket Record Company.

ELTON FANTASTIC!
FANTASTIC!

Linke Seite: »Gleich nach dem Auftritt im Hammersmith Odeon im Dezember 1974 drehte die Presse durch. Ob der Kioskbesitzer wusste, wem er gerade all diese Zeitungen anbot?«

Oben: »Ich glaube, dass die Schnappschuss-Porträts Elton am besten gerecht werden. Dieses Bild ist nicht gestellt – aber was er anhat, ist vom Feinsten.«

Rechts: Am 21. Juni 1975 trat Elton John als Headliner eines ganztägigen Konzerts im Wembley-Stadion unter dem Motto »MidSummer Music« auf. Zu den Vorgruppen zählten die Beach Boys und Rufus mit Chaka Khan.

Folgende Doppelseiten: »Ich bin froh, dass ich mit Elton im Wembley-Stadion sein durfte – für mich war das fast wie ein Testlauf für die Konzerte im Dodger Stadium im Herbst des Jahres.«

ON HIRE FROM
THOMAS THOMSON
(BARRHEAD) LTD
HIRE FROM
S THOMSON

FA

NTASTIC

Linke Seite und oben: Anlässlich seiner US-Tournee charterte Elton John das Starship, ein Flugzeug, das auf Tourneen von Rockstars zugeschnitten war – vorher wurde es von Led Zeppelin benutzt. Zur Vollausstattung der Maschine gehörten eine Bar, Couches und, speziell für Elton, ein Stutzflügel.

Oben und rechte Seite: »Sobald ich das Bett im Starship gesehen hatte, stand für mich fest, dass einige Fotos fällig waren. Ich wusste nicht, dass er diese Brille dabeihatte, aber in dem Moment, als er sie aufsetzte, bekam die Aufnahme den typischen Elton-Schalk mit.«

PENTHOUSE
Esquire

Rechts: »Hier wollte ich ein bisschen von der fröhlichen Atmosphäre an Bord einfangen – mit der Band an der Bartheke und Elton an den Tasten. Tourneen waren in den Siebzigerjahren ein Riesengeschäft, ganz besonders auf Eltons Niveau. Diese Art Luxus konnte man sich leisten und es kamen tolle Fotos dabei heraus.«

Unten: Terry O'Neill (links) war an beiden Tagen im Dodger Stadium und hielt fotografisch fest, wie Musikgeschichte geschrieben wurde.

Rechte Seite: Eltons T-Shirt erinnert an das Datum, an dem seine Freundin Billie Jean King 1973 ihren männlichen Gegner Bobby Riggs im »Kampf der Geschlechter« im Tennis besiegte.

LA
76
Dod
gers
6-4 6-3 6-3

GRETSCH

Links: »Sogar bei einer Probe vor leeren Rängen legte Elton einen echten Auftritt hin.«

Unten und rechte Seite: »Der Kunstrasen blieb während der ganzen Zeit auf dem Flügel – möglicherweise um den Klang zu verbessern, weil Elton sehr viel Wert auf Klangqualität legte, vor allem bei seinen Auftritten in riesigen Stadien. Beim zweiten Foto sieht man das ausverkaufte Stadion mit mehr als 55 000 Zuschauern.«

76
JOE WALSH

76

Vorhergehende Doppelseite: »Nachdem ich den Blick von der Bühne erlebt hatte, wollte ich wissen, wie das Stadion aus einer anderen Perspektive aussah. Es dauerte lange, aber schließlich stand ich in der letzten Reihe hoch über dem Stadion.«

Oben: »Billie Jean King kam sogar auf die Bühne und sang im Chor bei ›Philadelphia Freedom‹ in der zweiten Konzerthälfte mit.«

Rechte Seite: Der englische Fernsehmoderator Russell Harty hinter der Bühne. Harty zeichnete ein Interview für ein Fernsehspecial mit Elton John auf, das auch Aufnahmen aus dem Konzert im Dodger Stadium beinhaltete.

SLUGGER
LA
Dodgers

Auf diesen Seiten: »Man konnte sich in Los Angeles fast darauf verlassen, dass man Backstage viele Stars antraf. Cary Grant war allerdings die Krönung. Wir waren alle hin und weg, als er kam.«

Linke Seite und oben:
»Der berühmte Designer Bob Mackie entwarf viele von Eltons extravaganten Bühnenkostümen. Das hier ist wohl das bekannteste – ein paillettenbesetzter Baseball-Dress der LA Dodgers, auf dessen Rücken die Nummer eins und Eltons Name standen.«

Vorhergehende Doppelseite, unten und rechte Seite: »Ich knipste viele Bilder nur mit Elton und dem Baseballschläger, aber mir gefällt auch, dass man hier sieht, wie seine Band darauf reagiert.«

Unten: Der Song »Don't Let the Sun Go Down On Me« (1974) kam genau pünktlich zum Sonnenuntergang.

Rechte Seite: »Der Gitarrist Davey Johnstone ist ein prima Typ. Er spielt mehr als 40 Jahre später immer noch für Elton.«

Vorhergehende Doppelseite: An zwei Tagen trat Elton vor mehr als 110 000 Fans auf.

Rechts und folgende Doppelseite: »Ich hatte mir ein paar Kameras umgehängt, damit ich einfacher zwischen Schwarz-Weiß-Film (mein Favorit) und Farbfilm wechseln konnte. Damit hatte ich bereits gute Erfahrungen gemacht, vor allem bei einem Auftritt von David Bowie im Vorjahr. Der Farbfilm zeichnet ein lebendiges Bild von Eltons Dress und dem Flügel, weil beide so bunt sind.«

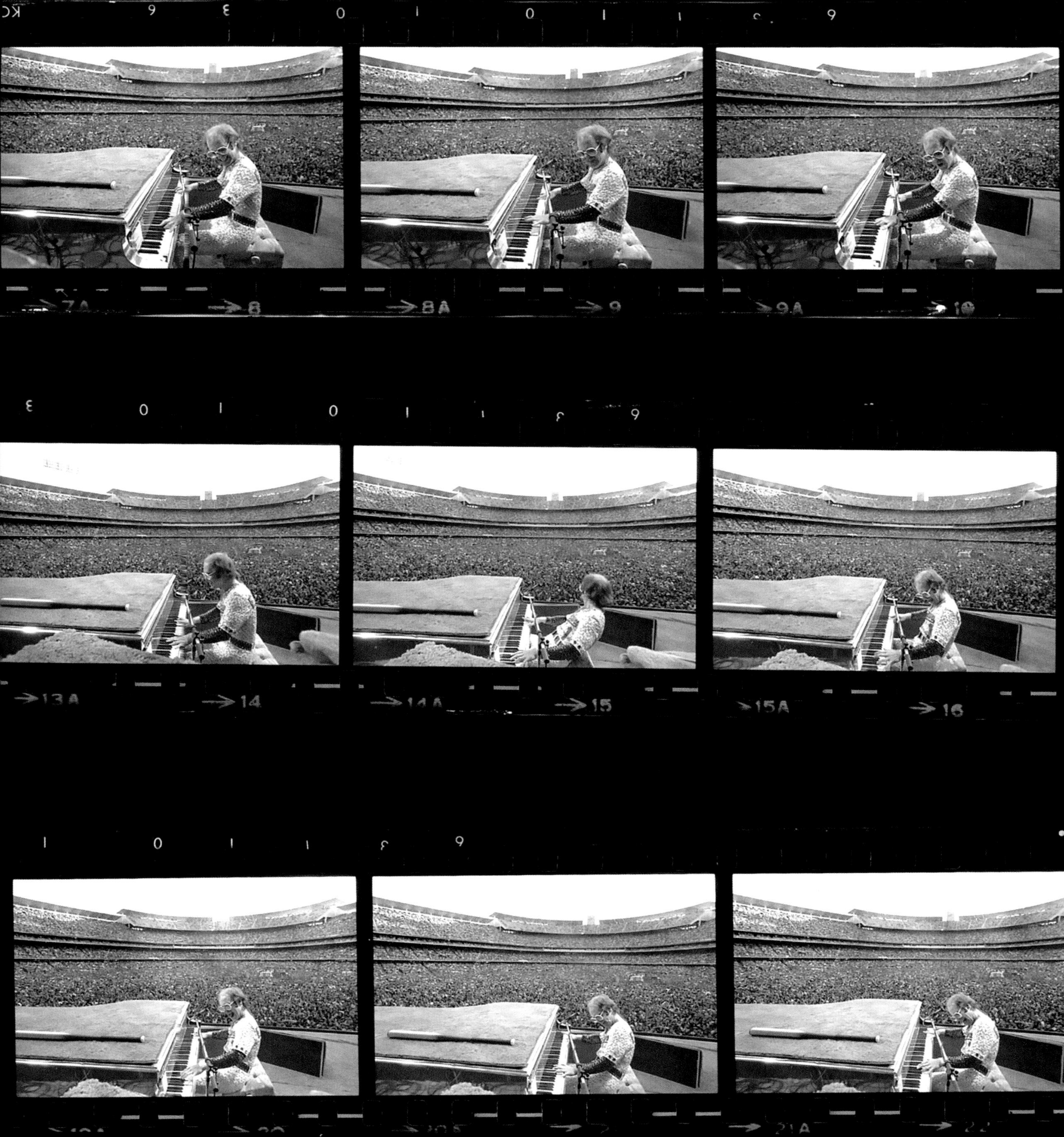
7A
8
8A
9
9A
10
13A
14
14A
15
15A
16
21A

SAFE●TY FILM
KODAK TRI X PAN
10A
11
11A
12
12A
13
16A
17
17A
18
18A
19

Rechts: »Wir nannten diesen Schnappschuss immer den ›jaulenden Elton‹. Als Abzug gehört er zu den gefragtesten aus meinem Archiv.«

Unten und rechte Seite: »Porträts wie diese haben wir viele gemacht. Elton war sehr produktiv, brachte mehrere Alben im Jahr heraus, tourte viel, also gab es eine große Nachfrage nach Porträts. Wir probierten bei jeder Sitzung mehrere Outfits aus, aber der Zeitdruck war groß. Hier trägt er eine neue Kreation von Bob Mackie, auch bekannt als ›Butterfly Suit‹.«

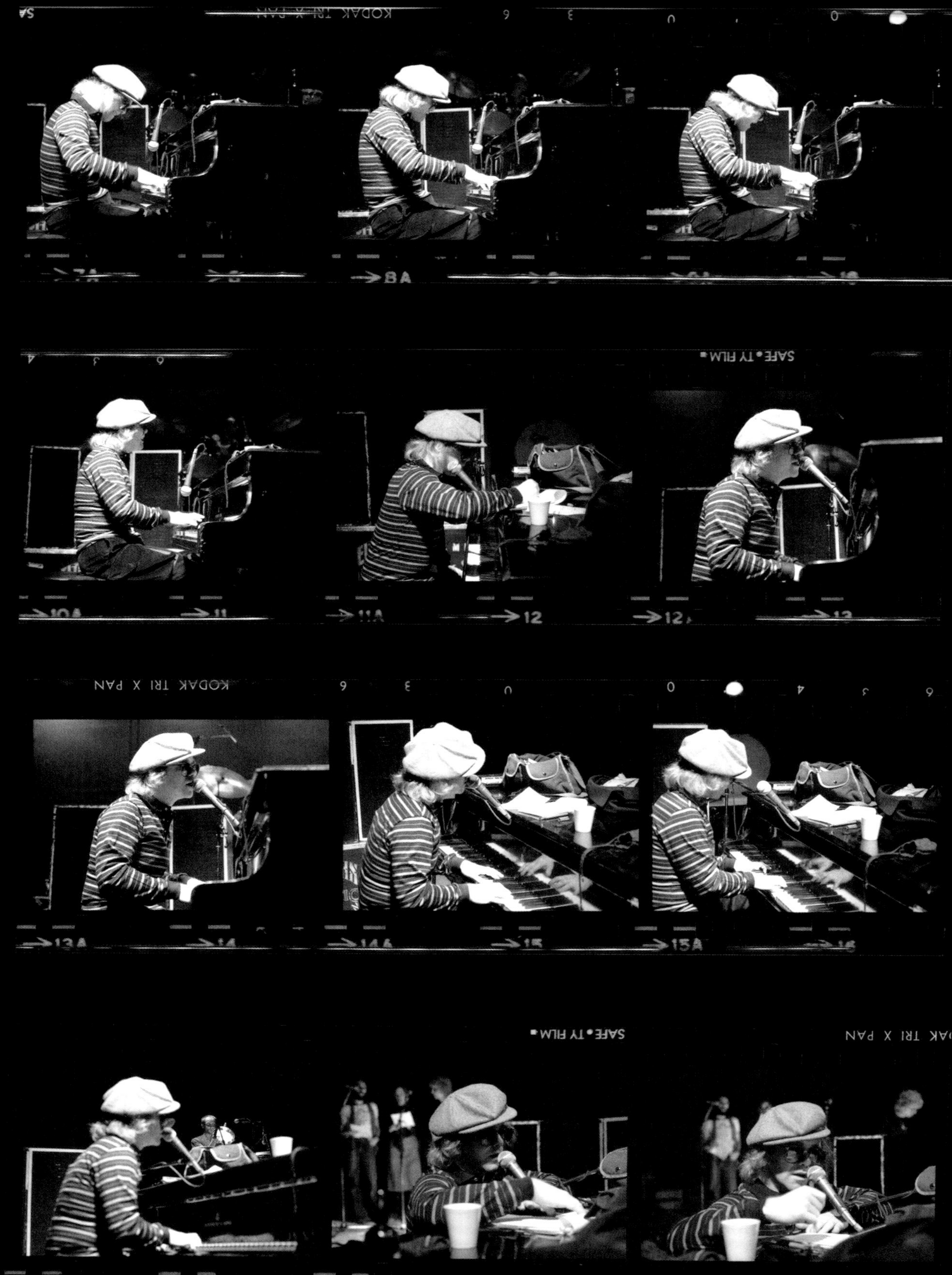
8A
10A
11A
12
13A
15A

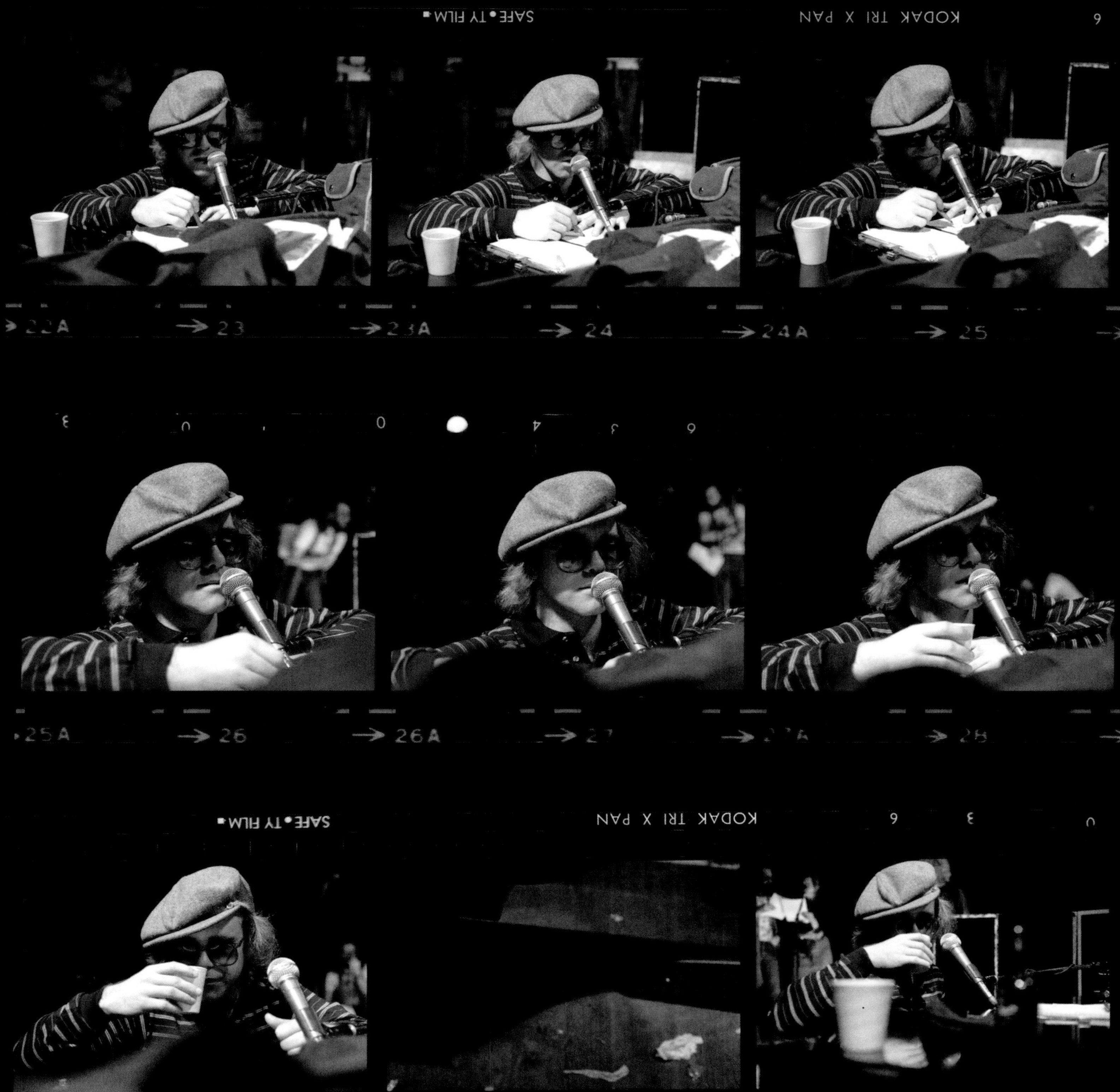
KODAK TRI X PAN
22A
23
23A
24
24A
25
25A
26
26A
KODAK TRI X PAN

Vorhergehende Doppelseite und links: »Das war wohl während eines Soundchecks im Club Troubadour in Los Angeles, etwa zur Zeit der Konzerte im Dodger Stadium 1975. Elton wollte dorthin zurückkehren, wo in vielerlei Hinsicht alles für ihn angefangen hatte, bei einem Auftritt 1970 in diesem renommierten Club. Wenn ich diesen Abend 1970 bloß erlebt hätte.«

Unten und rechte Seite: Elton John mit Kiki Dee. Gemeinsam veröffentlichten sie 1976 den Duett-Klassiker »Don't Go Breaking My Heart«, der in Großbritannien und den USA Platz 1 erreichte.

Auf diesen Seiten: »Elton liebt Tennis als Spieler und Zuschauer und Billie Jean King mag Musik, deshalb empfanden beide großen Respekt voreinander. Eigentlich sind die beiden wie Bruder und Schwester.«

Unten und rechte Seite: »Wie weit Elton es aus bescheidenen Anfängen heraus doch gebracht hat. Alles steigerte sich – seine Plattenverkäufe, seine Karriere und seine Sammlungen. Fotoshootings bei ihm zu Hause wurden von Jahr zu Jahr einfacher, weil es so viele Requisiten gab.«

Unten und rechte Seite: »Elton fing an, Kunst zu sammeln. In seinen Häusern und Büros tauchten vermehrt Gemälde, Skulpturen und Antiquitäten auf.«

F. CORRADINI

BLACK MAGIC

Linke Seite und unten:
Porträts von Elton John zu Hause,
Mitte der Siebzigerjahre.

Unten und rechte Seite: »Heute bringen mich all diese Bilder zum Lachen. Ich arbeitete damals gleichzeitig auch mit David Bowie und Led Zeppelin, aber niemand hatte mehr Stilbewusstsein als Elton.«

Links: »Viele Leute begreifen gar nicht, was es heißt, ein großer Popmusik-Star zu sein. Man muss Songs schreiben, Alben aufnehmen und Konzerte geben, aber ich staunte darüber, was Elton noch darüber hinaus machte – besonders in Bezug auf die Presse.«

Rechts: »Das könnte im Büro von Eltons Manager entstanden sein, Mitte der Siebzigerjahre. Ich fand die Bildkomposition einfach großartig.«

Linke Seite: »Das ist der berühmte Bob Mackie bei einer Anprobe mit Elton. Mackie entwarf so viele von Eltons berühmtesten Bühnenoutfits. Er arbeitete auch für Cher, Bette Midler, Liza Minnelli und viele andere Künstler. Seine Kreationen trugen dazu bei, Eltons Erscheinung zu formen, vor allem bei seinen Liveauftritten. Für mich war das Gold wert. Die Fotos von den Auftritten im Dodger Stadium kann ich mir ohne Pailletten gar nicht vorstellen.«

Unten: »Ich habe gelesen, dass Elton immer noch Brillen sammelt. Ich wette, dass er schon Tausende davon hat.«

Vorhergehende Doppelseite und auf dieser Seite: Elton John und Diana Ross fungierten als Moderatoren der jährlichen Rock Music Awards 1975 in Los Angeles. Die neu lancierte Preisverleihung gab es nur drei Jahre.

Rechts: Elton John begrüßt Ella Fitzgerald auf der Bühne bei der Verleihung der Rock Music Awards in Los Angeles 1975.

Unten: Cher (Mitte, neben ihr Diana Ross) verleiht Elton den Preis als bedeutendster Rockmusiker des Jahres.

Oben: Elton John mit Michael Caine bei einem Auftritt in der von Michael Parkinson moderierten Fernseh-Talkshow *Parkinson* 1976.

Rechts: Elton bringt die beiden Michaels und das Publikum zum Mitsingen.

Rechts: »Auch wenn es unglaublich klingt, das hier war eine zufällige Begegnung vor einem Restaurant in Mayfair.« Von links: Harry Nilsson, Ringo Starr, Elton John, Paul McCartney und Linda McCartney.

Unten: Elton und Ringo Starr, Backstage nach dem Wembley-Konzert 1975.

»Er ist ein geborener Watford-Fan.«

Oben: Elton John übernahm 1976 den Vorsitz über den Watford Football Club.

Rechte Seite, oben: Elton im Gespräch mit Graham Taylor, den er im Juni 1977 zum Manager von Watford berief.

Rechte Seite, unten: Elton mit dem Spieler Luther Blissett (links).

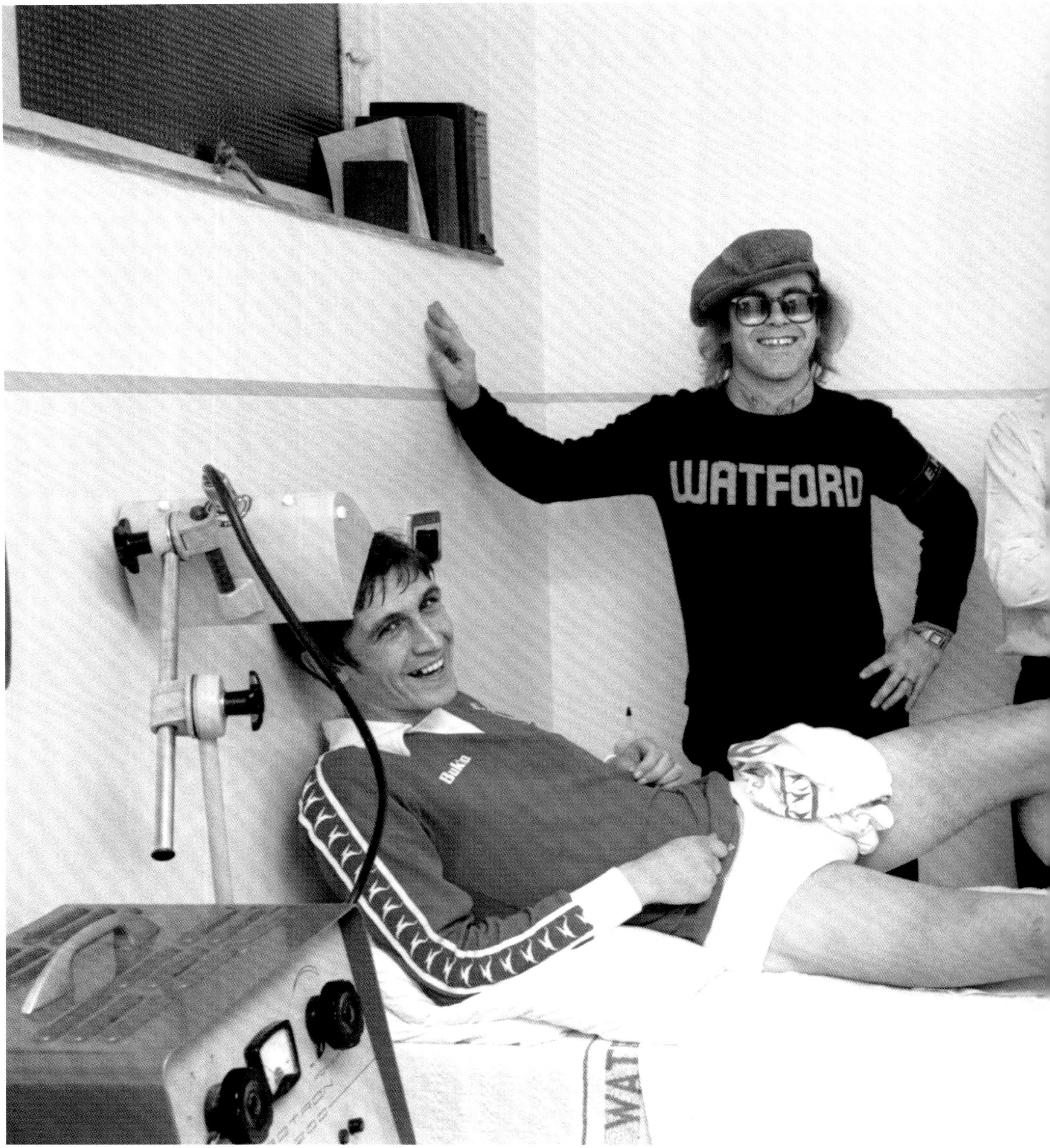
WATFORD
Bukta
WAT

Links: Graham Taylor, hier im Bild mit Elton beim Watford FC, führte das Team in nur fünf Jahren von der Vierten in die Erste Liga. Taylor leitete Watford bis 1987.

Oben und rechte Seite: »Das liebte er! Elton war nicht nur ein enthusiastischer Fan des Watford FC und Schlachtenbummler, er bewährte sich auch als Vorsitzender – mit Unterstützung von Taylor, natürlich, den er aber eingestellt hatte.«

WATFORD

Linke Seite, oben links: »Eltons Plattensammlung war riesig – kaum überraschend. In einem Zimmer seines Hauses reichten die Platten praktisch vom Boden bis zur Decke.«

Oben: Zu Hause in Windsor, mit einem seiner Hunde.

Rechts: »Ich begegnete Eltons Mutter Sheila mehrmals – sie war auch im Dodger Stadium, als er 1975 dort auftrat.«

TPB 77S

Unten und rechte Seite: »Elton stand seiner Großmutter sehr nahe, ich erinnere mich an sie als lieben Menschen. Ich habe einmal gelesen, dass er auf ihrem Klavier spielte, als er gerade einmal drei oder vier Jahre alt war.«

Folgende Doppelseite: »Natürlich war er ein Autonarr. Kein Sammler – dafür waren die Wagen wohl zu groß, aber vor seinem Haus in Windsor parkten einige schöne Exemplare.«

RPH 973R

»Die *Muppet Show* war ein Phänomen, und die meisten großen Stars hatten einen Gastauftritt. Ich war gerne mit von der Partie, es war interessant mitzuerleben, wie das alles vonstattenging.«

Oben und rechte Seite: Elton John bei einer Aufzeichnung der *Muppet Show* im Oktober 1977. Die Sendung wurde in Großbritannien im Januar darauf und in den USA im Februar ausgestrahlt.

Rechts: Miss Piggy sang den Nummer-eins-Hit »Don't Go Breaking My Heart« (1976) mit Elton. Sie verkündete, dass Kiki Dee jetzt vor Neid erblassen müsste.

Oben: »Elton spielt ›Goodbye Yellow Brick Road‹ (1973) mit der Muppet-Hausband. Der Flügel und sein Anzug waren beide in Goldgelb gehalten.«

Rechte Seite: In der Garderobe, bei der Lektüre einer Zeitung, die auch über ihn berichtete.

Elton says: I will be there by helicopter
EXPOSED
POLICE LOSE PAY BATTLE

Vorhergehende Doppelseite: »Da hätte ich besser mit Farbfilm fotografiert: ›Crocodile Rock‹ (1973) war die erste Nummer von Elton in der Show, dafür hatte er ein überaus buntes Kostüm angelegt.«

Rechts: »Hier trägt Elton einen eher gewöhnlichen Anzug, während die Muppets um ihn herum mit typischen Accessoires in seinem Stil glänzen. Sogar die Muppets hielten seine Outfits für gewagt …«

Auf diesen Seiten: Das Fotoshooting für das Cover von *A Single Man*, das 1978 erschien, entstand auf dem Long Walk im Great Park von Schloss Windsor in Berkshire.

Rechts: »Eines der Bilder von diesem Shooting wurde für das Innere der Klapphülle von *A Single Man* 1978 verwendet.«

Oben und rechte Seite: »Diese Bilder entstanden nachts in Paris, so etwa 1980.«

Auf diesen Seiten: »Für diese Bilder suchten wir verschiedene Locations in Paris aus, darunter die Opéra Garnier.«

Aux Deux Magots

Auf diesen Seiten: »Kurz nachdem wir die Wunderkerzenbilder (siehe S. 212–213) gemacht hatten, wurde es hell. Auf dem Rückweg zum Hotel bogen wir um die Ecke auf die Place Saint-Germain-des-Prés und ich fand die Szenerie großartig. Das Restaurant hatte nichts dagegen – dort bereitete man sich gerade auf den morgendlichen Ansturm vor. Also ließ ich Bernie [Taupin] und Elton Platz nehmen und machte ein paar Aufnahmen. Ich weiß gar nicht, ob wir für den Wein bezahlen mussten.«

Auf dieser und der folgenden Doppelseite: Elton John wurde als erster Nicht-Athlet 1977 in die Ruhmeshalle des Madison Square Garden aufgenommen. Terry O'Neill war als Bühnenfotograf dabei, als Elton im Oktober 2000 zum letzten Mal an dieser berühmten Stätte auftrat.

»Eltons Markenzeichen: der Strohhut!«

Linke Seite und unten: »Man bat mich um ein paar Porträts für den Katalog, den Sotheby's für die Auktion von Eltons Erinnerungsstücken 1988 auflegte. Unsere Idee war, dass sich die Bilder alle ähneln sollten und immer einen ähnlichen Ausschnitt zeigten, aber dass Elton sich für jede Aufnahme umziehen sollte. Bei der großen Auswahl wollte ich es für alle Beteiligten einfacher machen. Meiner Meinung nach funktionierte das ausgesprochen gut, vor allem im Kontext des Katalogs. Ein bisschen Seriosität inmitten des ganzen Tamtams.«

Oben und rechte Seite: »Elton ließ meines Wissens beinahe 2000 Stücke versteigern. Darunter waren nicht nur Kostüme und verschiedene Accessoires aus seinen ersten zehn Bühnenjahren, sondern auch Stücke seiner Kunstsammlung. Er besitzt einen ausgeprägten Geschmack für Kunst und Antiquitäten – die Tate Modern stellte 2016 sogar seine private Fotosammlung aus, mit Werken von Man Ray, André Kertész, Dorothea Lange. Er hat ein Auge dafür.«

Oben und rechte Seite: Elton zu Hause.

Unten: »Nicht schlecht für einen Jungen aus Harrow.« (Der Stadtbezirk im Nordwesten von London, nicht die Eliteschule.)

Unten: »Backstage bei einem Benefizauftritt, höchstwahrscheinlich im Rahmen einer Gala für den Prince's Trust. Viele der großen Stars – darunter Elton John, hier mit Eric Clapton – stellen sich dafür gerne zur Verfügung.«

Unten und rechte Seite: »Bei den Fotositzungen für Eltons Sotheby's-Auktion im September 1988. Der Umschlag des Katalogs, vier Bände im Schuber, zeigte den Umriss des Porträts, das ich für *A Single Man* (1978) fotografierte.«

ELTON
JOHN

Linke Seite und oben:
»Zu dieser Zeit arbeitete ich bereits vornehmlich im Studio. Das ist verständlich, oder? Auch ich wurde älter – Elton ist gut zehn Jahre jünger als ich. Im Studio kann ich die Arbeit leichter bewältigen, wenn die [Outfits] so oft gewechselt werden.«

Achtzigerjahren traf, war das immer wie die Begegnung mit einem alten Freund.«

Unten und rechte Seite: Ausschnitt aus einer Studiositzung, bei der wir die vielen Kostüme in Szene setzten, die Elton 1988 bei Sotheby's versteigern lassen wollte.

Auf dieser und der folgenden Doppelseite: »Die sind auch aus der Sitzung für Sotheby's. Ich bin sicher, dass er die Augen unabsichtlich geschlossen hatte – ein Klick, und das Bild war im Kasten. Ich finde es toll, es gehört zu meinen Lieblingsporträts.«

»Als unsere Zusammenarbeit 1972 begann, musste ich Regie führen. Und sieh ihn dir jetzt an – er genießt es.«

Oben und rechte Seite: »Diese Bilder entstanden in Paris. Wir wollten eine Porträtserie machen innerhalb derer sich nur Eltons Kleidung ändern sollte. Jedes Mal komplett umziehen – bis hin zu den Schuhen, die auf den Fotos gar nicht zu sehen sind.«

»Nur schnell umziehen und jedes Mal erschien ein völlig anderer Elton.«

Unten: Elton mit Ringo Starr, Backstage beim Konzert für den Prince's Trust in Wembley, 1987.

Rechte Seite: Porträt von Elton für die »Face to Face«-Tournee 1994.

Rechts: »Für das Magazin der *Sunday Times* sollte ich ein letztes Mal mit Elton arbeiten. Ich hatte mich mehr oder weniger zur Ruhe gesetzt. Es gab ehrlich gesagt eigentlich niemanden mehr, den ich noch fotografieren wollte. Aber man kann Elton nicht abweisen.«

PRO

Auf dieser Seite: Elton John 2010 bei seinem Konzert im Madison Square Garden, New York. »Unsere Zusammenarbeit war großartig, und es war wirklich ein Vergnügen, all die Jahre mit Elton zu arbeiten. Und das alles nur, weil ich ihn im Radio gehört hatte und dachte, ich sollte ihn einmal anrufen.«

»Er ist ein Genie – vermutlich der beste Pianist der letzten 100 Jahre, wenn nicht mehr.«

Rechts: »Abschied vom Publikum – ich hätte ihn um den Handstand am Flügel bitten sollen!«

TERRY O'NEILL

Terry O'Neill gehört zu den bedeutendsten Fotografen seiner Generation. Seine Porträts von Künstlern genießen Kultstatus, von den Beatles zu den Rolling Stones, von Elizabeth Taylor bis Audrey Hepburn. Er arbeitete mit Prominenten wie Michael Caine, Brigitte Bardot, Sean Connery, Terence Stamp, Ava Gardner, Paul Newman, Robert Redford, Raquel Welch, Roger Moore, Amy Winehouse, Nelson Mandela und Hunderten anderen. Frank Sinatra, für den O'Neill jahrzehntelang als Fotograf tätig war, zählte ihn zu seinen Freunden. Mit David Bowie verband O'Neill eine enge Arbeitsbeziehung, während der das berühmte Bild »Jumping Dog« entstand, das als PR-Foto für die Platte *Diamond Dogs* diente. O'Neills Foto von 1977 mit Faye Dunaway am Pool, am Morgen, nachdem sie den Oscar verliehen bekommen hatte, gilt allgemein als jenes Bild, das den Geist von Hollywood am besten ausdrückt. Terry O'Neills Arbeiten werden in Dauerausstellungen in Museen, Galerien und Privatsammlungen weltweit gezeigt.